NOUVELLE ÉDITION

LE BRAVO

Opéra en quatre Actes

PAR

M. ÉMILE BLAVET

MUSIQUE DE

M. G. SALVAYRE

Prix : Un franc.

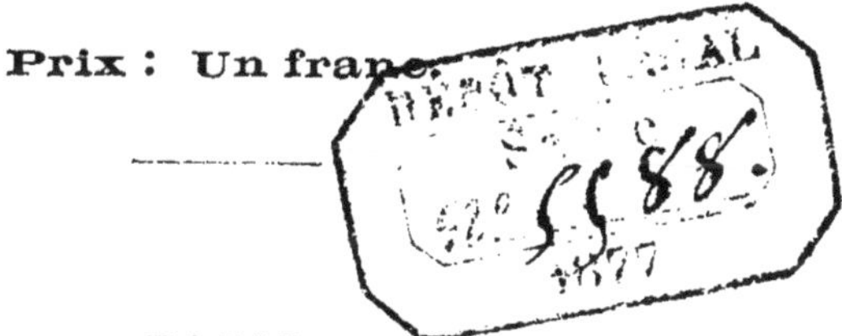

PARIS
Henry LEMOINE, Éditeur
RUE PIGALLE, 17
1877

Pour le matériel nécessaire aux représentations, s'adresser à la maison LEMOINE, 17, rue Pigalle.

DISTRIBUTION DE LA PIÈCE

JACOPO (le Bravo)........	MM. Bouhy.
LORENZO de MONTFORT.	Lhérie
GINO....................	Caisso.
CONTARINI...............	Gresse.
VIOLETTA TIEPOLO......	Mlles Marie Heilbron.
ANNINA..................	Berthe Thibault.

Les Dix, le Doge, Sénateurs, Gondoliers, Pêcheurs, Hommes et Femmes du peuple, Danseurs et Danseuses, Religieuses, Sbires, le Cortége du Doge.

La scène est à Venise (xve siècle).

Représenté pour la première fois, à Paris, sur le théâtre de *l'Opéra National Lyrique*, le 18 avril 1877.
(*Direction :* Albert Vizentini.)

LE BRAVO

ACTE PREMIER.

Venise la nuit. — Une place. D'un côté, le palais Contarini avec balcon praticable; de l'autre, le palais de Montfort, tous deux éclairés par des lanternes extérieures. — Le canal traverse le théâtre dans sa largeur.—Au fond, silhouettes de palais, de maisons, de dômes, etc. Neuf heures du soir. — Au quai sont amarrées des gondoles pavoisées et ornées de lanternes. Dans les gondoles et sur le quai, foule de pêcheurs et de femmes du peuple.

SCÈNE PREMIÈRE.

PÊCHEURS, FEMMES DU PEUPLE.

CHŒUR.

LES HOMMES.

O saint Marc, patron de Venise,
Toi qui gouvernes à ta guise
Les éléments capricieux,
Fais qu'à la nuit pleine d'étoiles
Succède une aurore sans voiles,
Présage d'un jour radieux !

LES FEMMES.

Pavoisez vos gondoles
De riantes couleurs,

Et, couronnés de fleurs,
Chantez vos barcarolles !
Que jusqu'à Murano,
Gondoliers, on s'apprête
A célébrer la fête,
La fête de l'Anneau !

ENSEMBLE.

O saint Marc, patron de Venise,
Toi qui gouvernes à ta guise
Les éléments capricieux,
Fais qu'à la nuit pleine d'étoiles
Succède une aurore sans voiles,
Présage d'un jour radieux !

Pendant le chœur, les hommes sont montés dans les gondoles qui s'éloignent dans diverses directions. Les femmes agitent leurs mouchoirs et sortent à droite et à gauche.

SCÈNE II.

JACOPO.

Quand le théâtre est vide, un homme vêtu de noir, un masque sur le visage, paraît à l'angle du palais de Montfort, traverse la scène et arrivé sous le balcon du palais Contarini, cloue sur la porte de ce palais un parchemin avec un poignard, soulève le marteau, le laisse retomber bruyamment et s'éclipse par la droite.

SCÈNE III.

ANNINA, PUIS GINO.

Après quelques instants, la porte du palais Contarini s'ouvre, Annina paraît sur le seuil, et, à la vue du parchemin, fait un mouvement de terreur.

ANNINA

Ah ! toujours cet avis fatal qu'à notre porte
Chaque soir une main mystérieuse apporte !
Voyons !

Elle détache le parchemin et lit à la lueur de la lanterne.

« Les Dix ont l'œil ouvert !... Veillez sur vous ! »
Quelque nouveau malheur planerait-il sur nous ?

Tandis qu'elle froisse, rêveuse, le parchemin menaçant, Gino, qui est sorti de la dernière gondole amarrée au quai, s'avance sur la pointe des pieds et essaye de le saisir.

GINO

Enfin, je vous y prends, ma belle,
A dévorer un billet doux!

ANNINA

Gino, point de sotte querelle
Ni de ridicule courroux!

I.

GINO

Par saint Marc, j'aurai cette lettre!

ANNINA

Ma foi, non!

GINO

Mon rival, je veux le connaître!

ANNINA

Bah! chanson!

GINO

Je dompterai ta résistance!

ANNINA

Trop de cris!

GINO

Dussé-je user de violence!

ANNINA

Ah! j'en ris!

ENSEMBLE

GINO

J'étouffe de rage!
Ah! j'aurai vraiment
Dans notre ménage
Beaucoup d'agrément!

ANNINA

Voyez comme il rage!
Nous aurons vraiment
Dans notre ménage
Beaucoup d'agrément!

GINO

Puisque à mes vœux tu ne veux pas te rendre,
Ce billet doux, je vais le prendre !

ANNINA

Tu dis ?

GINO

Je vais le prendre !

ANNINA

Eh bien !
Prends le donc !

GINO

Tu le veux ?

ANNINA

Sans doute.

GINO, après une courte lutte.

Je le tien !

ANNINA, riant.

Ah! ah! ah!

GINO

Je vais donc savoir !

Il lit et devient tout tremblant.

Dieu me pardonne!
C'est le sceau du Conseil ! Pitié, sainte Madone!

Il veut rendre la lettre à Annina.

II

GINO

Annina, reprends cette lettre !

ANNINA

Ma foi, non !

GINO

Je ne parlerai plus en maître !

ANNINA

Bah ! chanson !

GINO

Prends pitié, ma terreur est grande !

ANNINA

Ah ! tant pis !

GINO

A genoux, je te le demande!

ANNINA

Moi, j'en ris !

Scène muette. Gino, suppliant, tend le parchemin à Annina, qui finit par le prendre en haussant les épaules de pitié.

ENSEMBLE

ANNINA

Grâce à son courage
J'ai l'espoir charmant
D'avoir en ménage
Le commandement !

GINO

Son faible courage
Cède promptement.
J'aurai, je le gage,
Le commandement !

ANNINA

Ici, beau ténébreux, quel hasard vous amène,
Quel sombre dessein vous conduit ?

GINO

Il va se passer, ô ma reine,
D'étranges choses, cette nuit !
Demain, la *Belle-Sorrentine*,
Le brick de mon seigneur Lorenzo de Montfort,
A l'aube doit quitter le port
Et diriger son vol vers la rive latine
Où, tous les deux, nous fit naître le sort !

ANNINA

Tu ris?

GINO

Par mon patron, j'ai dit vrai !

ANNINA

Quoi ! ton maître,
Parjure à ses amours, nous quitterait ?

GINO

Peut-être !
A moins que, par un doux accord,
Ses amours ne soient du voyage !
Ce doux accord est fait, je gage,
Car, dès que minuit sonnera,
Un canot discret et rapide,
Monté par six rameurs, dont je serai le guide,

Montrant le palais Contarini.

Sous ce balcon s'arrêtera...

ANNINA

Puis ?...

GINO

Puis, avec ceci,

Il tire de sa poche une échelle de soie.

Pour peu qu'on soit agile,
Du balcon au canot le passage est facile.

ANNINA

C'est un enlèvement en règle ?

GINO

Je le croi !

ANNINA

Et dans ce beau projet que faites-vous de moi ?

GINO

Toi ?... L'on t'enlève aussi, ma belle !

ANNINA

J'admire son aplomb vainqueur !
Mais si, par devoir ou par peur,
Ma maîtresse à vos vœux allait être rebelle ?

GINO, avec fatuité

Des femmes on connaît le cœur !

I.

La femme, vois-tu, ma petite,
Aussitôt qu'Amour a parlé,
Et que dans son cœur il habite,
Obéit à ce monstre ailé !
C'est en vain que pour s'en défendre
Elle fait tout ce qu'elle peut...

Amour ordonne, il faut se rendre...
Ce qu'Amour veut, femme le veut !

ANNINA

Tu peins l'amour à ta façon !
Ecoute cette autre chanson !

II.

C'est l'homme que l'Amour domine;
Qui, dès que la femme a parlé,
Courbe le front et tend l'échine,
Par sa magie ensorcelé !
C'est en vain que pour s'en défendre
Mons Gino fait tout ce qu'il peut :
Nina parle, il faut bien l'entendre,
Ce qu'elle veut, Gino le veut!

Voilà !... mais trêve de parole
Mes maîtres vont rentrer... Adieu, beau séducteur

GINO

Adieu, mon âme ! adieu, mon cœur!
Moi, pour charmer l'heure qui vole,
En attendant le seigneur de Montfort,
Je vais, couché dans ma gondole,
De tes beaux yeux rêver encor !

ENSEMBLE

GINO

Je vais, couché dans ma gondole,
De tes beaux yeux rêver encor !

ANNINA

Il va, couché dans sa gondole,
De mes beaux yeux rêver encor !

Annina rentre dans le palais Contarini. Gino s'étend dans sa gondole et s'arrange pour dormir.

SCÈNE IV

JACOPO, LES SBIRES, GINO, endormi.

Jacopo, suivi d'une escouade de sbires, entre par l'angle du palais Contarini. Ils ont plutôt l'air de glisser sur le sol que de marcher.

JACOPO et les SBIRES

La nuit
Est sombre ;
Sans bruit
Dans l'ombre
Dérobons-nous !
Prêtons l'oreille !
Que chacun veille
D'un œil jaloux !

Après cet ensemble dit en sourdine, Jacopo désigne à ses hommes les places où ils doivent se dissimuler, met un doigt sur sa bouche pour leur recommander le silence, un autre à l'oreille pour leur dire d'être attentifs. Les sbires gagnent chacun la place indiquée, comme s'ils disparaissaient sous terre ; et, au moment où s'ouvre la porte du palais de Montfort, Jacopo lui-même s'éclipse derrière le palais.

Lorenzo sort, va à Gino, qu'il trouve dormant, puis se dirige vers le palais Contarini.

SCÈNE V

LES MÊMES, cachés, LORENZO, puis ANNINA

LORENZO, sous le balcon.

I

Vénus à l'horizon scintille
Comme un clou d'or ;
Discrètement la lune brille
Sur l'eau qui dort !
C'est l'heure des tendres paroles
Où, dans la nuit,
Les mystérieuses gondoles
Glissent sans bruit !
Ange, dont mon âme est éprise,
Entends ma voix,
Qui sur les ailes de la brise
Monte vers toi !
C'est moi ! c'est moi !

II

Quand les donneurs de sérénades,
Sous les balcons,

Egrènent leurs folles roulades
Et leurs chansons ;
Quand, sur la nef aux blanches voiles,
Les matelots
Content leur amour aux étoiles,
Leur peine aux flots...
Ange, dont mon âme est éprise,
Entends ma voix,
Qui sur les ailes de la brise
Monte vers toi !
C'est moi ! c'est moi !

Sur la ritournelle, une fenêtre du palais Contarini s'est entr'ouverte. Annina paraît au balcon.

LORENZO

Annina!

ANNINA

C'est vous, cher seigneur!

LORENZO

Ta maîtresse?

ANNINA

Elle et son tuteur,
Depuis une heure, au clair de lune,
Se promènent sur la lagune.

LORENZO

Quel fâcheux contretemps!

ANNINA

Craignez que le jaloux
Ici bientôt ne vous surprenne !
Il vous hait, cher seigneur, ne bravez pas sa haine!
Jésus! ce serait fait de vous!

LORENZO

Je m'éloigne, mais pour revenir... le temps presse!
Annina, préviens ta maîtresse,
Dis-lui qu'il y va de mes jours,
Que son bonheur, que nos amours
Sont menacés!... Il faut que tout à l'heure
Je puisse lui parler!

ANNINA, à part

Ce n'était point un leurre !

LORENZO

A tout à l'heure!

ANNINA

A tout à l'heure!

Elle rentre et referme le balcon. Lorenzo va vers le quai et réveille Gino qui dort.

LORENZO, le secouant

Gino!

GINO, rêvant

Chère Annina!

Il s'éveille.

Je rêvais!

LORENZO

Indiscret!
De ta belle, en rêvant, tu trahis le secret!
Mais tu n'as point trahi mes ordres, j'imagine?

GINO

Le canot, les rameurs, pour minuit, tout est prêt!

LORENZO

C'est bien!

Il monte dans la gondole

Pousse jusqu'à *la Belle-Sorrentine.*

La gondole s'éloigne. — Musique de scène. — Presque aussitôt une riche gondole aborde au quai. — Le sénateur Contarini et Violetta en descendent, et, précédés de valets porteurs de flambeaux, entrent dans le palais. — Dès que la porte s'est refermée sur eux, le Bravo reparait. — Il fait un signe et, à l'instant, il est entouré des sbires.

SCÈNE VI

JACOPO, LES SBIRES

JACOPO

Vous avez entendu?... Le mot d'ordre est donné
Pour minuit!... A minuit, que tout soit terminé!

LES SBIRES

A minuit, tout sera terminé !

Jacopo et les Sbires désignent d'un doigt menaçant le palais Contarini.

ACTE DEUXIÈME

Intérieur chez Contarini. — Au fond, une grande galerie ouverte. — A droite, deuxième plan, porte conduisant chez Violetta; premier plan, une fenêtre vitrée donnant sur un balcon de marbre. — Près de la fenêtre, un prie-Dieu surmonté d'une statue de la Vierge, devant laquelle brûle une veilleuse. — A gauche, porte des appartements de Contarini. — Vieilles tentures. — Ameublement sévère.

Au lever du rideau, la scène est vide. Annina entre, pensive.

SCÈNE PREMIÈRE

ANNINA, seule, PUIS VIOLETTA ET CONTARINI

ANNINA

Mes maîtres tardent bien! La nuit, seule, j'ai peur!
Si je chantais, on dit que ça donne du cœur!

Chanson vénitienne.

PREMIER COUPLET

Piétro, dans sa gondole,
Était heureux et joyeux,
N'ayant pas une obole,
Mais sans souci
D'aujourd'hui.
Comme il laissait la voile
Aller au vent
En cherchant
Et suivant son étoile,

Insoucieux,
Dans les cieux,
Sur le rivage
O doux mirage,
Un gai visage
Vint à passer;
Ce minois rose
Devint la cause
Qu'il fut morose,
Le gondolier!

2me COUPLET

Piétro, dans sa gondole,
Restait songeur
De douleur,
Lorsqu'une barcarolle
Redit au loin
Son refrain.
Il vogue vers la rive,
De la revoir
Plein d'espoir;
Quand près d'elle il arrive,
Elle sourit
Et lui dit :
Non, plus d'alarmes,
Seul tu me charmes,
Sèche tes larmes,
Je veux t'aimer!
Alors s'envole
De la gondole
La chanson folle
Du gondolier :
A deux s'aimer
C'est s'enivrer !

La galerie s'éclaire. Entrent quatre valets portant des flambeaux; puis Contarini et Violetta.

CONTARINI, aux valets.

Qu'on nous laisse!

Les valets posent les flambeaux et sortent.

Annina, retirez-vous...

VIOLETTA, vivement

Demeure!

CONTARINI

Eh quoi!...

VIOLETTA

Monseigneur, voici l'heure
Où ses soins me sont précieux.
Pourquoi ces airs mystérieux?
Annina fut toujours ma compagne fidèle,
Presque ma sœur... Je n'ai pas de secrets pour elle.

CONTARINI

Tu le veux?... Qu'il soit fait suivant ta volonté.
D'ailleurs, le moment est suprême,
Ma fille... il faut que, ce soir même,
Par toi notre arrêt soit dicté!
Entre le cloître et moi, choisis... Je te fais juge!

VIOLETTA

O ciel!

CONTARINI

Il n'est d'autre refuge!

Après un silence.

Parle... ma tête blanche et ma face ridée
Font-elles peur à tes vingt ans?

ANNINA, à part.

Ah! ah! ah! la plaisante idée,
Marier cet hiver avec ce frais printemps!

CONTARINI

Vois-tu, ces jeunes gens frivoles,
A l'air insolent et vainqueur,
Ne savent aimer qu'en paroles...
Tout dans la tête, rien au cœur!
Mais les vieux, dont la tête penche

Comme un saule au déclin du jour,
Gardent sous leur couronne blanche
Une âme encor vierge à l'amour!

ENSEMBLE

VIOLETTA

Mon âme sourde à sa tendresse
S'indigne à ses propos brûlants,
Mais j'ai pitié de sa vieillesse,
J'ai pitié de ses cheveux blancs!

CONTARINI

Prête l'oreille à ma tendresse,
Je tends vers toi mes bras tremblants!
Oh! prends pitié de ma vieillesse,
Prends pitié de mes cheveux blancs!

ANNINA

Oui-da! l'éloquente tendresse
Et le modèle des galants,
Qui, pour plaire à tant de jeunesse,
Se pare de ses cheveux blancs!

CONTARINI

Maintenant que tu lis jusqu'au fond de mon âme,
Veux-tu rester ma fille ou devenir ma femme?

VIOLETTA

Mon père!

CONTARINI

Ah!

ANNINA

Les soupirs ne sont pas des raisons!

VIOLETTA, sévèrement.

Nina!

ANNINA

Seigneur! que de façons
Pour dire que son cœur est pris... et qu'on le garde!

CONTARINI, ironique

Et quel est-il le joli page
Qui de votre cœur m'exila?
C'est un de ces beaux fils, je gage,
Qui triomphent... sans dire holà!

ANNINA, plaisamment

Comme cela!
Tra la la la!

CONTARINI

Vous vous taisez!... C'est Lorenzo, peut-être?

ANNINA

Lui-même?

VIOLETTA

Qu'as-tu dit?

ANNINA

Nos vaisseaux sont brûlés!

CONTARINI

Eh! quoi? cet étranger, ce traître,
Ce chef des mécontents contre nous enrôlés!
Ce Calabrais de la noble Venise
Est le secret et mortel ennemi!

VIOLETTA

S'il m'a pour femme, il sera son ami!

ANNINA

Il tient à vous qu'il s'humanise!

ENSEMBLE

CONTARINI

Je sens gronder en moi
Une sourde colère!
Malheur à qui l'on me préfère!
Malheur à qui reçut sa foi!

VIOLETTA

Mon cœur glacé d'effroi
Craint tout de sa colère!
Lorenzo, toi que je préfère,
Lorenzo, je tremble pour toi!

ANNINA

Il sait tout, grâce à moi...
Je ris de sa colère!

Car Lorenzo, qu'elle préfère,
Saura nous protéger, ma foi !

Entre un valet.

SCÈNE II

LES MÊMES, UN VALET, PUIS JACOPO

CONTARINI

Qu'est-ce donc !

LE VALET

C'est un messager
Du Suprême Conseil...

VIOLETTA

Dieu!

CONTARINI

Voilà le danger!
Qu'on l'amène!

Le valet sort, et presque aussitôt entre Jacopo, le masque sur le visage.

JACOPO

Salut à Votre Seigneurie !

VIOLETTA

Je vous laisse...

JACOPO

Restez, madame, je vous prie !
De notre maître à tous, l'un et l'autre, écoutez
Les souveraines volontés !

CONTARINI, VIOLETTA, ANNINA

D'une vague terreur mes sens sont agités !

JACOPO, lisant un parchemin

« Venise, à son devoir fidèle,
» De dona Violetta retire la tutelle
» Au sénateur Contarini.. »

VIOLETTA, à part

O Lorenzo, tout est fini !

JACOPO, continuant

« Demain, la gondole ducale,
» Quand luira l'aube matinale,
» Ira la prendre à son réveil. »
Telle est la volonté suprême du Conseil
Devant qui tous courbent la tête.
Donc, au lever du jour, madame, soyez prête !

VIOLETTA

Viens, Nina !

Violetta et Annina sortent

JACOPO

Vous, seigneur, sans perdre un seul instant,
Chez les Dix, qu'un devoir impérieux assemble,
Suivez-moi !

CONTARINI

Bien, j'y cours...

JACOPO

Nous sortirons ensemble,
C'est l'ordre !

CONTARINI

Un mot à dire...

JACOPO

Allez... je vous attend !

Contarini entre dans son appartement.

SCÈNE III

JACOPO, seul

Quel sinistre dessein cache donc ce message
Que j'ai senti dans l'âme une étrange douleur ?

Il enlève son masque

Sans ce velours épais qui couvre mon visage,
Je n'aurais pu cacher mon trouble et ma pâleur !

Mais l'odieuse tâche
Qui me fait leur bourreau
Exige que je cache
L'homme sous le bravo !

Un terrible mystère
M'imposa cette loi !
Est-il sur cette terre
Plus malheureux que moi?

Un bâillon sur la bouche
Et le cœur muselé,
Je vais, sombre et farouche,
Dans ma honte exilé!
Car un affreux mystère
M'imposa cette loi!
Est-il sur cette terre
Plus malheureux que moi?

Bruit à gauche. Jacopo remet son masque. Contarini paraît et fait signe qu'il est prêt. Ils sortent. La porte de Violetta s'ouvre doucement. Elle entre en scène.
A ce moment, on entend, au dehors, le chœur :

O saint Marc, patron de Venise, etc.

Violetta va au balcon et s'y accoude, rêveuse.

SCÈNE IV

VIOLETTA, au balcon

Ils chantent... Et leur joie
Ravive la douleur dont mon âme est la proie!
Je sens au cœur comme un frisson mortel!
Trouverai-je le calme au pied du saint autel?

Elle s'agenouille sur le prie-Dieu.

O source de toute tendresse,
Je me prosterne à tes genoux !
Prends pitié de notre détresse!
Sainte Vierge, protége-nous!

Elle se lève.

Lorenzo, quand ma lèvre prie,
Ma pensée est auprès de toi,
Et, dans l'image de Marie,
C'est ton image que je voi!

I

Image adorable et charmante,
Ton doux souvenir me poursuit,
Le jour, à mes regards présente,
Et présente encore la nuit!

En toi seule mon cœur espère,
Comme en l'étoile tutélaire
L'esquif par l'ouragan battu.
Quand je pleure, quand je t'appelle,
Cher infidèle,
Où donc es-tu ?

II

Je t'évoque quand je soupire,
Image bénie, et les pleurs
Soudain se changent en sourires,
Les épines deviennent fleurs!
Plus de doutes, plus de souffrance!
Un joyeux rayon d'espérance
Ranime mon cœur abattu !
Quand je pleure, quand je t'appelle,
Cher infidèle,
Où donc es-tu ?

LORENZO, au dehors

Ange, dont mon âme est éprise,
Entends ma voix
Qui, sur les ailes de la brise,
Monte vers toi !
C'est moi ! c'est moi !

VIOLETTA

C'est lui !... c'est Lorenzo !

SCÈNE V

VIOLETTA, LORENZO

LORENZO, enjambant le balcon

Chère Violetta !

VIOLETTA, dans ses bras

Cher Lorenzo !... Béni soit Dieu qui m'écouta !

LORENZO

Bonheur suprême,
Trop rare, hélas !

Celle que j'aime
Est dans mes bras !

Mais vous avez la main brûlante !

VIOLETTA

Que vous avez tardé ce soir !
On a la fièvre de l'attente !
Je craignais de ne pas vous voir !

LORENZO

Ne pas me voir, quelle folie
Mais ces jolis yeux ont pleuré !

VIOLETTA

Je vous vois, et mon cœur oublie
Tous ses tourments, cher adoré !

ENSEMBLE

Bonheur suprême,
Trop rare, hélas !
Celle } que j'aime
Celui }
Est dans mes bras !

VIOLETTA

Mais de vos bras un pouvoir implacable
Demain va venir m'enlever !
Des Dix c'est l'ordre impitoyable !...

LORENZO

Eh ! qu'importe ?... Il faut le braver !
Il faut fuir !...

VIOLETTA

Quoi ! fuir !

LORENZO

Tout de suite,
Sans tarder un instant !... La fuite
C'est le salut, c'est le bonheur !

VIOLETTA

Le bonheur, dites-vous ?... et la honte !...

LORENZO

Seigneur!
Quel soupçon vous étreint le cœur, chère adorée?
De mon honneur douteriez-vous?
Par la mémoire vénérée
De mes aïeux, demain je serai votre époux!
Fuyons!... la *Belle Sorrentine*,
Où flotte l'étendard glorieux des Montfort,
Enfle ses voiles dans le port,
Au gré de la brise marine!
De fleurs le navire est paré
Et pour ce doux hymen l'autel est préparé...
Fuyons!

VIOLETTA

Sauvez-moi de moi-même
De la peur, du remords... de l'angoisse suprême!

Signal au dehors.

Ce signal

LORENZO

C'est Gino qui vient au rendez-vous
Avec sa gondole rapide.
Annina près de lui vous servira de guide.
Allez... je vous rejoins...

VIOLETTA, sortant à gauche

Seigneur, protégez-nous!

Lorenzo va pour sortir par la galerie où paraît Jacopo.

SCÈNE VI

LORENZO, JACOPO

JACOPO

Arrête!

LORENZO

Un inconnu!... Place!... je te l'ordonne!

JACOPO

Tu ne passeras pas! Seul, je commande ici!

LORENZO

Oses-tu me parler ainsi?
De quel droit?

JACOPO, *découvrant sa poitrine*

Du droit que me donne
Ce talisman!

Il montre le sceau des Dix.

LORENZO

Ciel! Le sceau du Conseil!
Traître! c'est toi qui lui donnas l'éveil!

ENSEMBLE

LORENZO

Sous le doute et l'effroi
Tout mon être frissonne!
C'est le diable en personne
Qui se moque de moi!

JACOPO

Sous le doute et l'effroi
Tout son être frissonne!
C'est le diable en personne
Qu'il a cru voir en moi!

LORENZO, *raillant*

Mais vous venez trop tard, mon maître!

JACOPO

Vraiment!

LORENZO

L'oiseau s'est envolé!
Vous le guettiez sous la fenêtre,
Par la porte il s'en est allé!

JACOPO

Crois-tu?

On entend un signal au dehors.

LORENZO, *à part*

Mon sang dans mes veines se fige!

JACOPO

Dis! reconnais-tu ce signal?
C'est Gino!

LORENZO

Dieu ! par quel prodige ?

JACOPO

C'est Gino qui, sur le canal,
Vous attend !

LORENZO

Alors, tout à l'heure,
Ce n'était donc pas lui !

JACOPO

Non ! c'était moi !

LORENZO, exaspéré

Qu'il meure,
S'il dit vrai !

Il court à la porte de Violetta et appelle.

Violetta !... Personne !... Trahison !...
A moi !

Gino entre par le balcon et Contarini par la galerie.

SCÈNE VII

LES MÊMES, GINO, CONTARINI

GINO, à Lorenzo

Seigneur !

CONTARINI

Ce bruit dans ma maison,
La nuit!

Appelant.

Holà! mes gens!

LORENZO

Vendus !

CONTARINI, allant à la porte de Violetta

Violetta !

JACOPO

Tu n'as plus de pupille
Venise t'a repris sa fille...
Ni lui ni toi ne la reverrez plus !

ENSEMBLE

LORENZO

Mon bras contre leur rage
Ne peut la protéger !
Mais d'un pareil outrage
Je saurai me venger !

GINO

Son bras contre leur rage
Ne peut la protéger !
Mais d'un pareil outrage
Il saura se venger !

CONTARINI

Mon bras contre leur rage
Ne peut la protéger !
Je dois subir l'outrage
Sans pouvoir le venger !

JACOPO

Votre impuissante rage
Ne peut la protéger !
Venise a son otage!
Place à son messager !

La galerie, au fond, s'est garnie de sbires. A la fin de l'ensemble Jacopo se trouve au milieu d'eux. — Tableau.

ACTE TROISIÈME

La Piazzetta. — A gauche, à l'avant-scène, le portail de l'église Saint-Marc; au delà, le palais ducal en raccourci. — A droite, premier plan, la loggetta du campanile, praticable. — Au troisième plan, la mer et les deux colonnes. — La vue de l'île San-Giorgio forme la toile de fond. — La place est brillamment pavoisée; c'est la fête du mariage du Doge avec l'Adriatique.

SCÈNE PREMIÈRE

JACOPO, circulant dans les groupes, GINO, PÊCHEURS, GONDOLIERS, HOMMES ET FEMMES DU PEUPLE, DANSEURS ET DANSEUSES, ETC.

LE CHOEUR

Célébrons la belle journée
Si chère à notre souvenir :
Dans un radieux hyménée
Le Doge à la mer va s'unir !

LES FEMMES

La fiancée aux berçantes caresses,
Soumise et fière, attend le fiancé.
Seul, il saura les profondes ivresses
De son flot bleu mollement cadencé !

LES HOMMES

Le fiancé, le Doge magnifique,
Pour célébrer le glorieux accord
De notre ville avec l'Adriatique,
Va lui donner son brillant anneau d'or !

SCÈNE II

LES MÊMES, UN HÉRAUT

LE HÉRAUT

Vénitiens, dans un concours nautique,
Les gondoliers vont montrer leur valeur.
Par le Doge et la République
Une rame d'argent est offerte au vainqueur.

GINO

Une rame d'argent ?... Je pourrais bien vous dire
L'heureux gondolier qui l'aura.

LE CHOEUR

Ah ! ah !

GINO

Écoutez donc au lieu de rire.

LE CHOEUR

Ah ! ah !
Conte-nous donc cela !

GINO

I

Sombre, sur la clarté de l'onde,
Gracieuse et charmante à voir,
Ma gondole, sur l'eau profonde,
Glisse comme un beau cygne noir.
Vive et folle,
Ma gondole,
Comme l'aile d'un lutin,
Belle et fière,
La première
Arrivera, c'est certain !

LE CHOEUR

Ah ! ah ! ah ! ah !
Le beau gondolier que voilà.

II

Dans la nuit, quand elle se penche,
Montrant l'éclair de son falot,

On dirait une étoile blanche
Qui se fait bercer par le flot.

Vive et folle,
Ma gondole,
Comme l'aile d'un lutin,
Belle et fière,
La première
Arrivera, c'est certain !

LE CHOEUR

Ah ! ah ! ah ! ah !
Le beau gondolier que voilà !

BALLET

CHŒUR DANSÉ

LES FEMMES

Nous qui sommes faites
Pour charmer les fêtes,
Légères, dansons !
Pour guider la danse,
Chantons en cadence
Nos folles chansons !

LES HOMMES

Les amours sont vos guides,
Vous les suivez, rapides,
Sans jamais vous lasser;
Vous êtes dans le monde
La gaîté vagabonde
Qui ne fait que passer !

(VALSE, ORIENTALE, TARENTELLE, PASQUINADE, FINALE.)

VOIX, dans la coulisse

Vengeance !

GINO

Dieu ! quels sont ces cris ?

LE CHOEUR

Qui vient ainsi troubler la fête ?

SCÈNE III

LES MÊMES, TROIS PÊCHEURS, PUIS LORENZO

LES TROIS PÊCHEURS, entrant

Vengeance !

GINO

O saint Marc, je frémis !

LE CHOEUR

Parlez, que rien ne vous arrête !

PREMIER PÊCHEUR

Au fond du canal Orfano,
Le cadavre d'Antonio
Gît, frappé lâchement au sein
Par le poignard d'un assassin !
Nous devons venger cette offense

LE CHOEUR

Vengeance !
Antonio, nous le jurons,
Tous ici nous te vengerons !

PREMIER PÊCHEUR

Mais quel est donc l'auteur du crime ?

GINO

Ne cherchez pas... c'est le Bravo !

LE CHOEUR

Le Bravo !

GINO

Ce n'est point là la première victime
De Jacopo !

LE CHOEUR

C'est le Bravo !
Où le trouver, afin qu'il meure !

GINO

Il était ici tout à l'heure...

Montrant Jacopo qui tourne le campanile

Et tenez, le voilà !

LE CHOEUR

C'est lui ! Mort au Bravo !
Au meurtrier d'Antonio !

JACOPO

Malheur à qui porte la main sur moi !

LE CHOEUR

A mort ! à mort !

LORENZO, fendant la foule

Laissez cet homme, il est à moi !

LE CHOEUR

Quel est cet inconnu, ce traître !

GINO

Un traître, lui ! c'est Lorenzo, mon maître !
Vous pouvez les laisser s'expliquer tous les deux,
Et vous serez servis bientôt selon vos vœux.
Allons, éloignons-nous, continuons la fête,
Et, quand nous reviendrons, ce sera chose faite

LE CHOEUR

Partons et laissons-les s'expliquer tous les deux !

Ils sortent.

SCÈNE IV

LORENZO, JACOPO

LORENZO

A nous deux maintenant ! Traître, tu parleras
L'heure du mensonge est passée !
Qu'as-tu fait de ma fiancée ?

JACOPO

Seigneur, ne m'interrogez pas !
Un terrible serment me condamne au silence !

LORENZO

Crains de lasser ma patience !

JACOPO

Éloignez-vous !

LORENZO

Je m'attache à tes pas!
Parle ou meurs!

JACOPO

Frappez donc!.. Vous me verrez sourire
Et bénir, en tombant, ce fer, ce fer sacré!
Vienne la mort! Après elle j'aspire!
Elle mettra fin au martyre
Que m'impose un joug exécré!

LORENZO

D'un sympathique émoi je ne puis me défendre!
Parle... dis-moi ce secret douloureux.
Les malheureux sont doux aux malheureux!
Leurs cœurs sont faits pour se comprendre!

JACOPO.

Vous l'exigez, je me rends à vos vœux!

I

Au bord du golfe Adriatique,
Loin du bruit, un pauvre pêcheur
Sous une masure rustique
Abritait son obscur bonheur.

Deux beaux enfants, nés sur la grève,
De joie emplissaient la maison!
Jamais le vieillard, même en rêve,
N'entrevit un autre horizon!

Or, quand le fils eut atteint l'âge
Où tout citoyen est soldat,
Il partit pour un long voyage
Sur les galères de l'État.

Tandis qu'avec les Turcs le fils allait en guerre,
La fille, ange gardien, consolait le vieux père!

II

Leurs jours se passaient en prière,
Dans leur ombre ils étaient heureux!
Soudain, comme un coup de tonnerre,
Le malheur éclata sur eux!

Un de ces beaux fils dont fourmille
Venise, l'impure cité,
Osa de l'innocente fille
Flétrir la fleur de chasteté !

Lors, le vieillard, ivre de rage,
Guetta le lâche séducteur
Et, pour venger l'infâme outrage,
Lui mit son stylet dans le cœur !

Mais son bras, affaibli par l'âge,
Trompa sa trop juste fureur !

Et quand le fils revint, tout joyeux, de la guerre,
Giovanna se mourait... Les Dix jugeaient son père !

III

Pour racheter sa tête chère
En vain le fils offre ses jours !
Rien ne touche ces cœurs de pierre,
A ses sanglots ils restent sourds.

Mais Tiepolo, moins implacable,
Lui dit : Décide de son sort ;
Veux-tu la grâce du coupable ?
La prison au lieu de la mort ?

Prends ce masque, prends cette lame,
Des Bravi signes abhorrés ;
Vends-nous ton bras, vends-nous ton âme,
Sois Bravo !... Ses jours sont sacrés !

Ce masque, ce poignard, je les pris !... Et mon père,
Pendant qu'on me maudit, sous les plombs désespère !

LORENZO

Cruelle, trop cruelle loi !

JACOPO

Ma vie est à jamais brisée !
Mais mon père, du moins, fut sauvé du bourreau,
Grâce à la main que me tendit Tiepolo.

LORENZO

Le père de ma fiancée ?

JACOPO

Lui-même!... Suis-je donc encor votre ennemi ?

LORENZO

En toi je devine un ami,
Mais tu ne peux, hélas ! rien pour nous !

JACOPO

Rien?... Peut-être!... au couvent Violetta va se rendre...
Elle est là !

LORENZO

Que viens-je d'entendre ?

JACOPO

Vous allez la revoir!... mais, seigneur, hâtez-vous!
Tandis que vous direz la tendre litanie,
Je ferai, moi,
Le guet aux alentours!

LORENZO

Ma vie
Et ma fortune sont à toi !

JACOPO, montrant la loggetta.

Eh bien! tout est désert... Personne
Ne saurait nous trahir... Voyez !

Violetta paraît au balcon de la loggetta.

LORENZO, voyant Violetta.

Sainte Madone !
Violetta !

SCÈNE V

LES MÊMES, VIOLETTA

VIOLETTA

Lorenzo, c'est bien toi
Qui m'appelle, que je revoi !

Lorenzo s'élance et presse les mains de Violetta, qui descend en scène.

LORENZO

N'est-ce pas un cruel mirage?
Je contemple ton cher visage,
J'entends frémir ta douce voix!

VIOLETTA

Oui, c'est bien moi!

ENSEMBLE

Si c'est un rêve,
Rêve radieux, sans pareil,
Ah! que jamais il ne s'achève,
Que jamais il n'ait de réveil!

VIOLETTA

Tous nos chers souvenirs, à cette heure suprême,
S'éveillent dans mon âme et font battre mon cœur!

LORENZO

Oh! parle, redis-moi cet enivrant poëme
De mes jours asservis à ton charme vainqueur.

VIOLETTA

I

Te souviens-tu, mon bien-aimé,
De cette belle nuit de mai
Où dans la lagune profonde
Phœbé mirait sa tête blonde?
Mon cœur, doucement oppressé,
Suivait un rêve commencé...
Ta gondole frôla la mienne
Et ma main effleura la tienne...
Tes yeux rencontrèrent les miens!.
Te souviens-tu?

LORENZO

Je me souviens!

II

Nuit d'amour, belle nuit de mai,
Où t'apparut le bien-aimé!
Cette nuit-là, nous échangeâmes

Pour l'éternité nos deux âmes!
Je sentis que j'étais à toi
Et que ta foi serait ma foi!
Et je me dis : quoi qu'il advienne,
Ma fortune sera la sienne
Et ses soucis seront les miens!

Te souviens-tu?

VIOLETTA

Je me souviens!

ENSEMBLE

LORENZO

Nuit d'amour, belle nuit de mai,
Où t'apparut le bien-aimé!
Cette nuit-là, nous échangeâmes
Pour l'éternité nos deux âmes!
Nuit d'amour, belle nuit de mai!

VIOLETTA

Nuit d'amour, belle nuit de mai,
Où m'apparut le bien-aimé!
Cette nuit-là, nous échangeâmes
Pour l'éternité nos deux âmes!
Nuit d'amour, belle nuit de mai!

LORENZO

Mais le sort jaloux nous sépare!
Tous ces beaux rêves sont finis!

VIOLETTA

Va, la main de Dieu qui répare
Bientôt nous aura réunis!

LORENZO

Dieu n'est plus avec nous!

VIOLETTA

Ce doute est un blasphème!
Peux-tu douter de Dieu quand je suis près de toi?

LORENZO

Par quel divin secret gardes-tu cette foi?

VIOLETTA

Ce secret, le voici : mon Lorenzo, je t'aime!

LORENZO

Le voilà donc, ce mot divin!
Ah! redis-le, toujours, sans fin!

VIOLETTA

Je t'aime!

LORENZO

Encor!... De ce mot adoré
Mon pauvre cœur est altéré!

VIOLETTA

Je t'aime!

LORENZO

Avec ta lèvre, avec tes yeux
Redis ce mot délicieux!

VIOLETTA, plus tendrement.

Lorenzo,
Je t'aime... et je me donne à toi!

LORENZO

Le ciel s'entr'ouvre devant moi!
Je crois!... Félicité suprême!
Du sort acharné contre nous
Je brave gaîment tous les coups,
L'exil, l'absence, la mort même!
Je t'aime!

VIOLETTA

Ah! tu l'as dit, ce mot divin!
Ah! redis-le, toujours, sans fin!

LORENZO

Je t'aime!

VIOLETTA

Encor!.. De ce mot adoré
Mon pauvre cœur est altéré!

LORENZO

Je t'aime!

VIOLETTA

Avec ta lèvre, avec tes yeux
Redis ce mot délicieux!

LORENZO

Je t'aime!

ENSEMBLE

Je t'aime!

JACOPO, intervenant.

L'heure a sonné... séparez-vous!
Si vous tardez, c'est fait de nous!

VIOLETTA

C'était ainsi, mon bien-aimé,
Dans cette belle nuit de mai,
Nuit d'amour où nous échangeâmes
Pour l'éternité nos deux âmes!
T'en souviens-tu, mon bien-aimé!

ENSEMBLE

VIOLETTA

Te souviens-tu, mon bien-aimé,
De cette belle nuit de mai,
Nuit d'amour où nous échangeâmes
Pour l'éternité nos deux âmes!
T'en souviens-tu, mon bien-aimé!

LORENZO

Il se souvient, ton bien-aimé,
De cette belle nuit de mai,
Nuit d'amour où nous échangeâmes
Pour l'éternité nos deux âmes!
Il s'en souvient, ton bien-aimé!

A ce moment, on entend les fanfares qui signalent l'approche de la foule. Violetta rentre dans la loggetta, suivie du Bravo. — Lorenzo s'éloigne par la gauche. Ici le cortége du Doge traverse la place, et entre dans l'église Saint-Marc.

MARCHE TRIOMPHALE.

SCÈNE VI

GINO, LES CHŒURS

Des gondoliers portent Gino en triomphe.

LE CHŒUR

Gloire au pilote habile,
Au gondolier agile,
Au pêcheur diligent !
Qu'ici chacun acclame
Le vainqueur de la rame,
De la rame d'argent !

TOUS

Célébrons la belle journée,
Le jour divin, le jour béni
Où dans un superbe hyménée
Le doge à la mer s'est uni !

Sur ce dernier chœur, *le Bucentaure* est venu s'amarrer entre les deux colonnes du fond. Le Doge sort de l'église, monte sur la galère et jette à la mer l'anneau des fiançailles. — Tableau.

ACTE QUATRIÈME.

La cour d'un couvent. — Au fond, à droite, la chapelle dont les vitraux sont éclairés. — Au premier plan, à gauche, le cloître. — Au milieu du théâtre, une croix de pierre. — Une terrasse au fond, d'où l'on voit la mer. — Massifs d'arbres. — C'est la nuit.

SCÈNE PREMIÈRE.

Au lever du rideau, les religieuses sont agenouillées au pied de la croix.

LE CHOEUR

Voici l'heure bénie,
L'instant plein de douceur,
Où la grâce infinie
Va toucher notre sœur !

Pour fêter sa venue
Unissons nos accents ;
Qu'ils montent vers la nue
Parmi les flots d'encens !

O lis, de vos calices
Ouvrez le doux trésor !
Faites, saintes milices,
Vibrer les harpes d'or !

Voici l'heure bénie,
L'instant plein de douceur,
Où la grâce infinie
Va toucher notre sœur !

Le chœur entre dans la chapelle. Violetta, en novice, sort du cloître avec Contarini, qui la conduit vers la chapelle. Arrivée au pied des degrés, Violetta s'arrête éperdue.

VIOLETTA

Non !... Je ne puis franchir ce seuil... ce seuil funeste !
Détournez de mon front votre terrible main,
Seigneur ! Tout mon être proteste
Contre cet arrêt inhumain !
Mon cœur au désespoir succombe !
Mon âme se sent défaillir !

Violemment.

Non, vivante, dans cette tombe
Je ne veux pas m'ensevelir !

A Contarini, avec désespoir.

Et vous que j'appelais mon père,
A qui mon bonheur fut commis,
Pour mériter tant de misère,
Dites, quel crime ai-je commis ?

I

Est-ce un crime d'aimer la vie,
Le soleil, les fleurs, le ciel bleu ;
D'ouvrir une oreille ravie
A tout ce qui parle de Dieu ;
De boire l'air qui vous enivre,
D'être jeune, d'avoir la foi ?
Si c'est un crime que de vivre,
O mon père, dites-le-moi ?

II

Est-ce un crime d'être bercée
Par un doux rêve de bonheur ;
D'écouter, confuse, oppressée,
Les tressaillements de son cœur ;
D'entr'ouvrir l'adorable livre
Où l'amour a tracé sa loi ?
Si c'est un crime que de vivre,
O mon père, dites-le-moi ?

CONTARINI

O ma fille, résigne-toi !
Cet arrêt est irrévocable !
Quand Venise décrète, innocent ou coupable,
Il faut se soumettre à sa loi !

VIOLETTA

Eh bien!... puisque au néant me voilà condamnée,
Puisque rien ne saurait fléchir
L'inexorable destinée,
Qu'on me laisse un instant seule me recueillir!

CONTARINI

Oui, prépare ton âme au divin hyménée!
Moi, je te précède au saint lieu...

Il monte les degrés de la chapelle. A part.

Si tu n'es pas à moi, tu ne seras qu'à Dieu!

Il entre dans la chapelle

SCÈNE II

VIOLETTA, JACOPO, puis ANNINA.

Après que Contarini est entré dans la chapelle, Violetta va tomber mourante au pied de la croix. — Jacopo arrive par le fond, et s'approche d'elle.

JACOPO

Pauvre enfant!... Ton cœur se déchire!
Mais cette nuit verra la fin de ton martyre!
Ton père fut au mien miséricordieux,
Tandis qu'un autre, après un outrage odieux,
Ayant pris son honneur, voulait qu'on prît sa tête!
Avant que l'aurore n'ait lui,
J'aurai payé ma double dette :
La liberté pour toi, le châtiment pour lui!

VIOLETTA, comme en extase.

Quelle est donc cette voix qui chante en mon délire?

JACOPO

C'est la voix d'un ami qui tout bas vient
Tu vas le voir!
Dieu, dans sa suprême clémence,
Prend pitié de ton désespoir!
Tu vas le voir!

VIOLETTA

Je vais le voir !
Doux serment ! divine assurance !
Plus de pleurs, plus de désespoir !
Je vais le voir !

JACOPO

Tu vas le voir !

VIOLETTA

O joie ! ô rêve ! Tout à l'heure
Je pleurais... c'était de douleur !
Maintenant, regarde, je pleure,
Je pleure, mais c'est de bonheur !

JACOPO

Pleure, enfant, ah ! pleure, ma sœur !
Les larmes sont une rosée
Qui fait s'épanouir le cœur
Et refleurir l'âme brisée !

VIOLETTA

Je pleure, mais c'est de bonheur !
Sous cette céleste rosée
Je sens s'épanouir mon cœur,
Refleurir mon âme brisée !

ENSEMBLE.

JACOPO

Tu vas le voir !
Dieu, dans sa suprême clémence,
Prend pitié de ton désespoir !
Tu vas le voir !

VIOLETTA

Je vais le voir !
Doux serment ! divine assurance !
Plus de pleurs, plus de désespoir !
Je vais le voir !

JACOPO

Et maintenant de la prudence !
N'éveillons pas la méfiance

Du vieillard haîneux et jaloux!
Rejoignez-le, je veille!

VIOLETTA

En toi j'ai confiance!

Elle entre dans la chapelle. L'heure sonne.

JACOPO

C'est l'heure!... Lorenzo doit être au rendez-vous.
Allons!

Il va pour sortir, puis s'arrêtant.

Mais Annina tarde bien à paraître.

Il s'approche du cloître et appelle à demi-voix.

Annina!

ANNINA, sur le seuil.

Qui m'appelle?... Ah! Jacopo, c'est vous!

JACOPO

Et Gino?

ANNINA

Fidèle au rendez-vous,
Il suit son maître!

JACOPO

Le départ aura lieu dès que l'aube luira!
Le chant des matelots de signal servira!
Mais Gino peut tout compromettre...
Tu m'en réponds?

ANNINA

J'en réponds!

Pendant que Jacopo remonte.

Oui, c'est un sot... Mais, bah! pourvu qu'il soit fidèle
Et point jaloux!
Il est laid!... Mais qu'importe? Il sera le modèle
Des bons époux!

Ici Lorenzo et Gino paraissent au fond, dans une gondole.

SCÈNE III

LES MÊMES, LORENZO, GINO, PUIS VIOLETTA,

JACOPO

Les voici!

LORENZO

Quand je touche à la crise suprême,
J'ai peur!

JACOPO

Tout doit vous rassurer :
La nuit est noire et le ciel même
Avec nous semble conspirer!

LORENZO

Mais je ne la vois point!

JACOPO

Un peu de patience,
L'heure n'est point venue...

La demie sonne.

Elle sonne!... Silence!

Violetta paraît au seuil de la chapelle.

JACOPO

C'est elle!

LORENZO, *voulant s'élancer*

Dieu clément!... Elle!...

JACOPO, *le retenant*

Pas d'imprudence!

A Gino et Annina.

Vous, dans l'ombre veillez!

Gino et Annina s'éloignent sous le massif à droite.

VIOLETTA, *sur le seuil*

O douce volupté
Qui fait tressaillir tout mon être!
Je respire et me sens renaître,
A l'air pur de la liberté.

LORENZO

Violetta !

VIOLETTA, avec un cri

Lui ! lui !... je meurs !

Elle tombe dans ses bras

LORENZO

Reviens à toi !
Rien ne peut désormais te séparer de moi !

ENSEMBLE

LORENZO, VIOLETTA

A toi pour toujours !
Ivresse suprême !
Le Seigneur lui-même,
Bénit nos amours !

VIOLETTA

Sais-tu bien qu'ils voulaient, dans leur rage inhumaine,
Couper ces blonds cheveux !

LORENZO

Couper tes blonds cheveux,
Voiler ton front de reine,
Cacher à tous les yeux
Ta beauté souveraine,
C'est outrager les cieux !

JACOPO, rêveur

O jeunesse, ô couple adorable,
D'amour chantez l'hymne immortel !

Ici Gino et Annina rentrent par la droite, continuant une conversation commencée

SCÈNE IV.

LES MÊMES, GINO, ANNINA

GINO

O ma Ninette, au nom du ciel,
Ne soyez pas inexorable !

ENSEMBLE

JACOPO ET LORENZO

Couper ces blonds cheveux
Voiler ce front de reine,
Cacher à tous les yeux
Sa beauté souveraine,
C'est outrager les cieux!

VIOLETTA

Cacher à tous les yeux
Ma jeunesse sereine,
D'irrémissibles vœux
Porter la lourde chaîne,
Quel martyre odieux !

GINO

Caresser tes cheveux,
Respirer ton haleine,
Contempler tes beaux yeux,
O ma chère inhumaine,
C'est le bonheur des cieux !

ANNINA

Laissez là mes cheveux,
Ma beauté souveraine!
A soupirer vos vœux
Vous perdez votre peine,
O mon bel amoureux !

JACOPO

Maintenant fuyez! Le temps vole,
Un instant de retard pourrait être fatal !
Gagnez vite votre gondole...

Prélude dans la coulisse.

Du départ voici le signal !

CHŒUR, au dehors

Partons, l'heure s'avance,
Partons vite et gagnons sans bruit

Le vaisseau qui se balance
Comme un grand hamac dans la nuit !

JACOPO

Allons, fuyez !

LORENZO

Et toi ?

JACOPO

Moi, je reste !

LORENZO

Folie !
Avec nous, maître, il faut partir !

JACOPO

Non ! non ! un grand devoir me lie !
Ici-même il doit s'accomplir !

ENSEMBLE

CHŒUR, au dehors

Partons, l'heure s'avance,
Etc.
Bientôt de la rive natale
Nous reverrons les toits chéris
Calabre, terre sans rivale,
Nous foulerons tes bords fleuris !
Partons, l'heure s'avance,
Etc.

JACOPO

Partez, l'heure s'avance,
Partez vite et gagnez sans bruit
Le vaisseau qui se balance
Comme un grand hamac dans la nuit !
Bientôt de la rive natale
Vous reverrez les toits chéris !
Calabre, terre sans rivale,
Ils vont fouler tes bords fleuris !
Partez, etc.

LORENZO, GINO

Partons, l'heure s'avance,
Partons vite et gagnons sans bruit,
Etc.

Bientôt de la maison natale
Je reverrai les toits chéris !
Calabre, terre sans rivale,
Je foulerai tes bords fleuris !

Partons, etc.

VIOLETTA, ANNINA

Partons, l'heure s'avance,
Partons vite et gagnons sans bruit,
Etc.

Bientôt de sa maison natale
J'apercevrai les toits chéris !
Calabre, terre sans rivale
Je foulerai tes bords fleuris !

Partons, etc.

JACOPO

Partez donc !

Contarini paraît sur le seuil de la chapelle.

SCÈNE V

LES MÊMES, CONTARINI

CONTARINI

Arrêtez !

JACOPO, se mettant dans l'ombre

Enfin !

TOUS

Contarini !

CONTARINI, à Violetta

Ma fille, à la chapelle il vous faut reparaître
Pour fiancer votre âme avec le divin Maître...

Car Venise le veut ainsi !
Venez !

JACOPO, s'avançant, à Violetta.

Restez !

Montrant Lorenzo.

Son maître, le voici !

CONTARINI

Le Bravo ! Par saint Marc, que fais-tu donc ici ?

JACOPO

Et toi-même ?

CONTARINI

Tant d'insolence !...

JACOPO, à Contarini.

Tu vas donc expier mes dix ans de souffrance,
Et l'affront dix ans ressenti !
Te souviens-tu de Giovanna Monti ?...

Mouvement de Contarini.

C'était ma sœur...

CONTARINI foudroyé.

O ciel !...

JACOPO

Morte !... flétrie !
Et moi, de son vengeur pour racheter la vie,
J'attachai sous mon front le masque d'infamie !
Depuis dix ans, ce stigmate odieux
Me ronge le visage et me brûle les yeux !
Je te le rends !

Il arrache son masque et le lui jette à la face.

CONTARINI

O rage !
Ton père sous les plombs expiera cet outrage ?

JACOPO

Si mon père vivait, serais-je donc ici ?
Mon père est mort ! Tu vas mourir aussi !

Ils tirent leurs épées et se battent.

LORENZO

Courage, Jacopo!

GINO

Je ne respire plus !

VIOLETTA

Pitié, Jésus !

ANNINA

Pitié, Jésus!

Ici, Jacopo fait mine de rompre.

CONTARINI

Tu recules?

JACOPO, se fendant à fond.

Dieu t'a jugé!
Meurs donc !

CONTARINI, tombant.

Ah !

JACOPO.

Père, je t'ai vengé !

SCÈNE VI

LES MÊMES, LE PORTIER DU COUVENT, PUIS LA FOULE, LES RELIGIEUSES

A ce moment, sur un signe de Gino, une barque chargée de rameurs apparaît au fond.

GINO, inquiet

Fuyons!... on vient!...

Le Portier du couvent se montre à la porte du cloître.

LE PORTIER

Un meurtre!.. à moi!..

La scène est envahie par le fond, par le cloître, par les massifs.

LE CHOEUR

Le meurtrier,
Quel est-il ?

LE PORTIER, montrant Jacopo

Le voilà !

JACOPO

Non !... le justicier!

LE CHOEUR

A mort! à mort, le meurtrier !

Les religieuses sont sorties de la chapelle et s'agenouillent autour du corps de Contarini.

JACOPO, désignant le cadavre.

Cet homme était un traître!
Traître à l'honneur et traître à son pays !
Qui l'a frappé?.. Vous voulez le connaître ?

LE CHOEUR

Oui, oui !... Nous voulons le connaître !

JACOPO, montrant sa poitrine

Eh bien ! voyez !

LE CHOEUR

O ciel ! le sceau des Dix

JACOPO

Faites donc place à ceux que ce signe protége !
Que vos rangs s'ouvrent devant lui !
Et qu'à ces fugitifs ils servent de cortége !

La foule s'écarte. Lorenzo relève Violetta et, la soutenant, la conduit jusqu'à la gondole, où ils montent avec Gino et Annina.

Ce sceau qui me lia me délie aujourd'hui !
Ailleurs, le pardon me réclame !
Et je vais, sous des cieux plus cléments aux proscrits,
Chercher la paix de l'âme
Loin de ces bords maudits !

ENSEMBLE

LORENZO, VIOLETTA, GINO, ANNINA

Le bonheur nous réclame
Loin de ces bords maudits !

LE CHOEUR

Le bonheur les réclame
Loin de ces bords maudits !

LES RELIGIEUSES, agenouillées autour de Contarini.

Dieu, recevez son âme
En votre Paradis !

Jacopo passe, calme, à travers la foule, et monte dans la gondole auprès des fugitifs. — Tableau.

IMPRIMERIE CENTRALE DES CHEMINS DE FER. — A. CHAIX ET Cie,
RUE BERGÈRE, 20. — 8736-7.

IMPRIMERIE CENTRALE DES CHEMINS DE FER. — A. CHAIX ET Cie,
RUE BERGÈRE, 20, A PARIS. — 8738-7.

www.ingramcontent.com/pod-product-compliance
Ingram Content Group UK Ltd.
Pitfield, Milton Keynes, MK11 3LW, UK
UKHW021656260726
13994UKWH00003B/1495

9 782329 479583